Todo
Everything

Lorena Wolfman

Lapizlazuli Editions

DEDICATORIA

Al amor más allá de palabras que es lo más esencial para poder vivir
y a los amigos sinceros.

To love beyond words, the most esencial thing for living; and to the
kindness of sincere friends.

CONTENIDO – CONTENTS

Agradecimientos	i
Prólogo – Forward	1, 3
Todo – Everything	6, 7
La soledad – Solitude	8, 9
Retorno – Return	10, 11
Me enterneció – I was touched	12, 13
Corrientes – Currents	14, 15
Vueltas – Turning	16, 17
Necesito – I need	18, 19
Adonde vamos – Where we are headed	20, 21
La hora – The hour	22, 23
Tu beso – Your kiss	24, 25
El deseo – Desire	26, 27
Verbo – Verb	28, 29
La penúltima alcoba – Next to the last bedroom	30, 31
Encrucijada – Crossroads	32, 33
Invierno – Winter	34, 35
Por un hilo – By a thread	36 37
Desenmascarado - Unmasked	38, 39
Sin nombre – Nameless	40, 41
Niña – Girl	42, 43
Hoy preparo la valija – Today I'm packing my bags	44, 45
Baile de las manos – Hand dance	46, 47

Cuentos de brazos largos - Long-armed Stories   48, 49

Ven a comer – Pull up a chair   50, 51

Viajeros – Travelers   52, 53

Nota de la autora – Author's note   54, 55

Acerca de la autora – About the author   57, 58

Algunos comentarios – A few comments   60, 61

AGRADECIMIENTOS

Agradezco a los amigos y estudiantes que me enseñan tanto y que me estimulan constantemente a seguir aprendiendo, profundizando así me comprensión y empatía; a Ricardo y Violeta que me dan un sentido de continuidad; y a la musa que me murmura desde desde un espacio profundo y silencioso.

✣

I give thanks to my friends and students who teach me so much and keep me continually learning, deepening my understanding and empathy; to Violeta and Ricardo who give me a sense of continuity; and to the muse who whispers to me from a deep quiet place.

PRÓLOGO

Hoy preparo una valija.

Leer a Lorena Wolfman es leer una poesía que crece y se construye a sí misma como si se tratara de una auto-profecía.

En sus poemas, donde son claramente discernibles desde lo entrañablemente cotidiano de su vida hasta lo más alto y necesario de las aspiraciones humanas, ella va reconstruyendo el mundo a partir de su original mirada femenina ligada estrechamente con la Tierra, y con ello, el poema se hace danza y ritual en una forma de integración muy personal, algo que se descubre al escucharla recitar su poesía como una unidad donde poeta y poema parecen celebrarse mutuamente en el regocijo del encuentro.

En esa mirada existe una tradición que reconoce lo más puro y profético de la poesía norteamericana Whitmaniana y parte de lo que fue la *beat generation* en su legado de búsqueda contracultural, y no es en lo puramente conceptual de los versos que ella utiliza, sino en sus aspiraciones existenciales donde se descubre ese legado. En momentos se la ve marcada por una necesidad de encontrar o recuperar la esencia de la niñez.

El libro como un poema continuo plantea el deseo de aprender de la divinidad de la Madre Naturaleza, y con el correr del tiempo, este estilo parece haberse vuelto más sencillo y más directo al mismo tiempo prescindiendo de recursos y juegos de lenguaje que tanto seducen hoy a autores noveles sin nada o muy poco que decir sobre la vida.

Ella va descubriéndose en sus propios versos asombrados y vuelve constantemente a la existencia como si vivir y escribir fueran una sola cosa a desentrañar en cada día. Sus poemas son el recuerdo permanente de ese pasaje infinito en donde el poema asoma como raíz en la tierra donde habita, teme, sufre, llora y a veces encuentra una forma de redención en su arte como en la vida misma que es al fin su instrumento de búsqueda integrador.

Se encuentra en sus versos, un mundo tan necesario de habitar y resguardarse en él al mejor estilo de un cuaderno de bitácora de navegante solitario. El navegante a quien le urge el viaje tiene forzosamente que remitirse a lo esencial, nada de gran peso podrá cargar que no sea lastre y sus poemas no tratan de otra cosa que del arduo camino del retorno al hogar. Como si se tratase de un modesto arca poético donde cabe solamente lo esencial. Estos poemas constituyen un mandala trabajosamente construido día tras día, con la paciente urdimbre de una araña sobre cuyas telas de plata habrá de caminar y vivir.

Me encuentro en estos textos esperanzados con la búsqueda de un lugar inocente como el joven D.H Lawrence en sus Mañanitas Mejicanas y otros textos afines como en un vuelo místico por el pasado de su propia familia humana que ella debió continuar hasta resolver vivenciando en su escritura al modo de la antropología de la que es directa heredera ya que es hija de antropólogos vecinos en sus viajes al mismo Lawrence y las indagaciones del mundo del indigenismo americano que en su búsqueda parecen ahora completar el circulo sagrado de sus amados difuntos recuperados para siempre.

Me consuela que existan poetas como Lorena, me alienta y anima no tener que estar explicando al modo de un profesor su extraña e inquietante personalidad y menos aún sus poemas que son por entero de mi agrado y de los cuales el lector puede sacar sus propias conclusiones. También me alegro haber participado del proceso de creación como un testigo distante y respetuoso de ese proceso que bien me gustaría llamarlo mágico si es que esa palabra no hubiera perdido su contenido original. Sé muy bien que su creación continuará tanto como vaya creciendo su vida de la que es tributaria directa.

Prescindo voluntariamente de hacer crítica literaria por no ser un crítico literario a los cuales raramente lee nadie ni toman en serio y de más poder serlo sé muy bien que el camino de Lorena Wolfman va más allá del ámbito de unos poemas. Es un ser estrechamente ligado a la vida cuyos caminos son siempre inescrutables.

Héctor Berenguer
Rosario, Argentina
Octubre de 2013

FOREWORD

Today I prepare a suitcase.

To read Lorena Wolfman is to read poetry that grows and builds on itself as if it were a personal prophecy. In her poems—where from the most intimate everyday life details to the highest and most necessary of human aspirations are clearly discernible—she is rebuilding the world from her original feminine gaze closely linked to the Earth. And with that, the poems become dances and rituals of a very personal form of integration as is again discovered upon hearing her recite her poetry as a whole where poet and poem seem to celebrate each other in the joy of the encounter.

From this orientation there is a tradition that recognizes the purest and most prophetic of American Whitmanian poetry and part of what was the beat generation in its legacy of a countercultural quest; and it is not in the purely conceptual of the verses that she uses, but rather in her existential aspirations where that legacy is discovered. At times, the verses are marked by the poet's need to find or recover the essence of childhood.

The book read as a continuous poem raises the desire to learn from the divinity of Mother Nature, and as time goes by, this style seems to have become simpler and more direct, at the same time disregarding both the forms and language games that are so seductive these days for many new authors with little or nothing to say about life.

The poet discovers herself in her own astonished verses and constantly returns to existence as if living and writing were one and the same thing to be figured out each day. Her poems are the permanent memory of that infinite passage where the poem peeks out as though it were a root on the ground she inhabits where she fears, suffers, cries and sometimes finds a form of redemption in her art, as in life itself, which is ultimately the instrument of her integrative quest.

In her verses the reader finds a world that needing to be inhabited and to be sheltered in, in the best style of a solitary navigator's journal. The navigator, for whom the quest is urgent, must refer to what is essential, nothing of great weight can be carried, as it would be a burden—and her poems deal with nothing other than the arduous path of the homeward journey. It is as if this were a modest poetic ark where only the essentials fit. These poems constitute a mandala laboriously built day after day, with a spider's patient warp, on whose silver cloth the poet will have to walk and live.

I find myself in these hope filled texts with the quest for an innocent place like the young DH Lawrence in his Mexican Mañanitas; and other texts marked by this same affinity. It is as if it were a mystical flight through the past of her own human family that she needed to continue until it could be resolved by living in her writing much like anthropology to which she is a direct heir, since she is the daughter of anthropologists, themselves neighbor's of Lawrence himself in theirs trips and inquiries into the world of American indigenism that in the poet's quest now seem to complete the sacred circle of her deceased loved ones now recovered forever.

It comforts me that there are poets like Lorena, it is a relief and it encourages me not to have to explain in the manner of a teacher her strange and disturbing personality much less her poems that are entirely to my liking and from which the reader can draw his own conclusions. I am also glad to have participated in the creation process as a distant and respectful witness of that process that I would like to call magical if that word had not lost its original meaning. I know very well that her creation will continue as her life, of which it is a direct tributary, grows.

I voluntarily abstain from making any literary criticism, as I am not a literary critic, who are rarely read by anyone nor taken seriously, and if I were able to do so, I know very well that Lorena Wolfman's path goes well beyond the scope of a few poems. She is a being closely linked to life whose paths are always inscrutable.

Hector Berenguer
Rosario, Argentina
October 23, 2013

.

We shall not cease from exploration
And at the end of our all our exploring
Will be to arrive where we started
And know the place for the first time...

No dejaremos de explorer
Y al final de nuestra búsqueda
Será llegar a donde empezamos
Y conocer el lugar por primera vez...

—T.S. Eliot

TODO

Todo empezó en el vacío, aún antes de la oscuridad —no había ni estrella, ni viento, ni tierra, ni cielo, tampoco existían los vocablos— cuando de la nada surgió un estirón, un vínculo a otro ser al otro cabo de la noche sin fin, desde el fondo del recién nacido cielo, o tierra, o mar o simplemente desde la otra punta de un hilo tenue hecho de luz temblorosa, frágil. Poco a poco, la recién nacido cielo se llenó de estrellas, desde el este y el oeste, y luego del sur y del norte, una brújula por la cual nos pudiésemos orientar en medio de la incertidumbre sin nombre. El brillo de las estrellas abrió nuestros ojos al caer sobre el cordel que nos unía, dándonos nombre, lugar, y un camino a seguir. De allí empezó todo: la risa y el llanto, el canto y el baile, nuestro pan de cada día— De allí tú me prendiste la mirada a mí y yo a ti, a través de ese espejo sagrado, a través del aro de la vida.

EVERYTHING

Everything began out of the void, even before darkness—there was no star, no wind, no earth, no sky, nor were there names. When out of nowhere came a tug, a connection with another on the other end of the endless night, from across newborn sky, or earth, or sea, or simply from the other end of a tenuous thread made of tremulous light, fragile. Little by little, the newborn night filled with stars, from east and west, then north and south, a compass by which we could orient ourselves in the midst of nameless uncertainty. The brilliance of the stars opened our eyes as it fell on the twine uniting us, giving us a name, a place, a path to follow. From there everything began: the laughter and sorrow, the singing and the dance, our daily bread— From there you held me in your gaze and I held yours, through that sacred mirror, through the hoop of life.

LA SOLEDAD

cada mañana la soledad se queda mirándome

desde un rincón me observa el detalle de cada movimiento

la manera en que me cepillo el cabello y me lo hago hacía un lado

ella me mira y yo me quedo pensando

ella parpadea

y sus ojos de agua profunda parecen estar satisfechos

hoy cuando volví a casa la encontré frente al espejo

cepillándose el cabello y haciéndoselo hacía un lado

SOLITUDE

every morning solitude sits in the corner of the room

observing my every move

the way I brush my hair and sweep it to the side

she watches and I wonder

she blinks

her deep water eyes seem satisfied

today when I came home I found her in front of the mirror

brushing her hair and sweeping it to the side

RETORNO

en todo este mar de sangre
mar de amar
mar de maría
mar amargo
y otros mares
mar de playas escondidas
y de piel

en todo este mar rojo y blanco
me ahogo entre las margaritas sangrientas
de la luna

en esta lumbre mortal de carne
lumbre lúgubre
lumbre de labores
lumbre lasciva
lumbre lujosa de saliva
lumbre que alumbra lumbre
lumbre de otros mares
mares rojizos del ocaso
sembrados por lo que termina

en esta lumbre me acurruco
entre el hueso y la rebelde médula
fabricadora de mundos milagros milenios martirios

y hoy un retorno a la virginidad

RETURN

in this great sea of blood
sea of love
sea of mary
bitter sea
and other seas
sea of hidden beaches
and of skin

in this red and white sea
I drown among the bloodstained daisies
of the moon

in this mortal fire of flesh
lugubrious
laborious
lascivious fire
luxurious flame of saliva
fire that lights up fire
fire of other seas
red silver seas of the west
sown with what is ending

in this fire I curl up
between the bone and the rebellious marrow
maker of worlds miracles millenniums martyrdoms

and a return to virginity

ME ENTERNECIÓ

me enterneció el aliento salado de las olas
amansándose a la puesta del sol

me enterneció un trozo de sol errante
una mariposa soñada

me enterneció la mano soñada
del rocío sobre mis hombros

el rocío de noche de mil estrellas
alcanzando mi piel

la piel temblorosa de una oruga
jalándose lentamente hacía el vuelo

el vuelo redondo del cielo
dando vueltas en las yemas de tus dedos

y me enternecen las vueltas que damos
entre el inicio y el fin

el sin fin de espacios que duermen en nuestra médula
y la lozanía de aquellos que florecen

mientras otras calladas flores se quedan
entre las piedras y cenizas del destino

las cenizas transparentes que deja
la asombrosa silente conversación con dios

y el asombro mientras me asomo a preguntar
cómo nosotros jamás podremos alcanzarnos

I WAS TOUCHED

I was touched by the breath of waves
coming to rest at sunset

I was touched by a shard of wandering sunlight
a butterfly I once dreamt

I was touched by the dream
of dew's hand on my shoulders

by the night dew of a thousand stars
reaching my skin

by the shivering skin of a caterpillar
pulling itself slowly towards flight

by the round flight of the sky
as it whirled in your fingertips

and I am touched by the turns we take
between the beginning and end

by the endless places the lie fallow in our marrow
and the lushness of the places that bloom

while other quiet blooms remain
amidst the stones and ashes of our fate

the transparent ash left
by a wondrous silent conversation with god

and the wonder and wondering
how we might possibly ever reach one another

CORRIENTES QUE CONDUCEN AL MAR

quizá ya no hay tiempo

para que el amor

sea de índole interesada

coqueta y vana

quizá ya no hay tiempo

que todo el tiempo

se ha desplomado en el presente

en la punta de este lápiz

sólo sabemos que no sabemos

cuánto camino nos queda

quizá ya no hay tiempo

nada más un río que mira al otro

corrientes que conducen al mar

sin más tiempo

CURRENTS HEADING OUT TO SEA

perhaps there is no more time

for love to be

selfish in nature

flirtatious and vain

perhaps there is no more time

perhaps all time

has collapsed into the present

into the point of this pencil

we only know we don't know

how much more road lies ahead

perhaps there is no more time

just one river gazing at another

currents heading out to sea

with no more time

VUELTAS

volteo la tierra una y otra vez
como siempre lo hemos hecho

para abrir una zanja
para que corra el agua

para canalizar los sueños
para que vuelvan a su tierra natal

para cavar una tumba
para dejar que descanse una vida

para atrincherarnos en el campo de la vida
para sobrevivir las guerras

para preparar la tierra para la siembra
la siembra que viene mucho mucho antes

de la cosecha

TURNING

I turn the soil over and over
like we always have

to open a ditch
to let the water run

to channel dreams
so they can return home

to dig a grave
to put a lifetime rest

to dig a trench on life's field
to survive the wars

to turn the soil for planting
the planting that comes long long before

the harvest

NECESITO

necesito sentir
el sonido de la lluvia

los truenos
que enciendan
las nubes calladas
de mi corazón

sentir esta canción turbulenta
que me encuentra
a la mitad del camino

necesito
esta música de plata gris y sombra

y el murmullo del agua
que brilla
    en todas partes

todo lo necesito

I NEED

I need to feel
the sound of the rain

thunder
setting my heart's
hushed clouds
on fire

feel this turbulent song
that finds me
half way down the road

I need
this music of silver gray and shadow

and the murmur of water
shining
everywhere

I need it all

ADONDE VAMOS

a John Oliver Simon—

a donde vamos
no son necesarias las palabras:

sólo eso que se da entre cada sílaba

***

ya pasamos todas las rocas

                              y encontramos

el fondo del río:
eternamente cambiante ahora

la arena:
reflejo de la geometría del agua

***

mucho antes de la luz
existía el mar sin nombre

WHERE WE ARE HEADED

for John Oliver Simon—

where we are headed
words are not needed:

only that which comes between each syllable

     ***

we have passed all the rocks

         and find

the river bottom:
ever-changing now

the sand:
a reflection of the geometry of water

     ***

long before the light
there was the sea with no name

LA HORA

a p.o.—

es la hora

que brilla

la hora

en que tomamos de una fuente común:

pleno cáliz

hecho del verbo *amar*

un río de miel
que se hace pasar por nuestra sangre
viajando por pasajes oscuros
enredándose
en nuestros abrazos

nuestros brazos
alas irisadas
palomillas en el tiempo
recreándose
en la llama
más allá del tiempo

nuestras frágiles sombras tiemblan
bajo la luz color granada
que vertimos sobre cada letra y fibra
de nuestras palabras

es la hora
de todas las veces
que cerramos los ojos
para amar

es la hora
en que consumimos
nuestra propia oscuridad
en la llama de una muerte
que nos vuelve a encender

THE HOUR

for p.o.—

t'is the hour

bright

the hour

in which we drink from a common fount:

full chalice

made of the verb *to love*

a river of honey
passing itself off as our blood
traveling through dark passages
entwining itself
in our embraces

our arms
iridescent wings
moths in time
delighting
in the flame
beyond time

our fragile shadows tremble
in the pomegranate light
we poured over each letter and sinew
of our words

it is the hour
of all the times
we closed our eyes
to love

the hour
when we consume
our own darkness
in the flame of a death
that lights us anew

TU BESO

a g.h.s.—

Tu beso / mariposa crepuscular
vuela en medio de los mundos.

Me alcanza los labios
que lentamente pronuncian
el nombre del mar creciente.

El viento trae un suspiro de tierras lejanas
sabor a selva / aves nocturnas.

Mientras tanto
el beso mismo
se escapa volando por la calle
se esfuma
entre las sombras
de los rascacielos circundantes.

YOUR KISS

for g.h.s.—

Your kiss / a twilight moth
flies between worlds.

It reaches my lies
as they slowly pronounce
the name of the rising sea.

The wind brings a sigh from distant lands
the taste of jungle / nocturnal fowl.

While the kiss itself
escapes flying down the street
and disappears
into the shadows
among surrounding high rises.

EL DESEO

la geometría del deseo tiene dos extremos:
inicio y fin

y el centro: el aquí y ahora

dos derrumbes encontrados
cuya suma oculta es el oroboros del ser
serpiente que dehace la fisionomía de los astros
la arquitectura de nuestro hado

la música que empezó cuando nacimos
desencadena un destierro en el tiempo
ineludible como la lluvia
que nos empapa hacia el final del camino
(esa senda sinuosa brilla con su luz ausente)

sólo entonces la gravedad enciende
la columna vertebral del alba
ahí donde se anidaban todos nuestros recuerdos
los que a esta hora oscura de la madrugada
cantan y vuelan
abandonando sus ramas
liberando nuestra médula de su peso

antes de llegar al mundo
¿te acuerdas del tiempo infinito?
¿antes de conocer el peso del pecho,
la lucha del pulmón?
¿antes del dolor que buscaba salida?
(ese fin que siempre marca un inicio)

¿te acuerdas? de ese espacio
el deseo desparramándose por dos vertientes:
corpóreo e incorpóreo
vertiéndose por los dos lados del umbral del cuerpo:
finito e infinito (dos malabaristas efusivos)
cada uno emergiéndose
una y otra vez
del arca del otro
revolviendo las mismas joyas
que ahora adornan nuestra piel

DESIRE

the geometry of desire has two extremes:
the beginning and the end

and a center: the here and now

two internal landslides
whose occult sum is the ouroboros of being
serpent that dismantles the physiognomy of the stars
the architecture of our fate

while the music that began when you were born
sets off an unavoidable exhumation of time
as inevitable as the rain
that drenches us near the end of the road
that sinuous path that shines with its absent light

only then
does gravity light up dawn's vertebral spine
there where all our memories nested
those that at this dawn's dark hour
sing and fly
abandoning their branches
freeing the marrow of its weight

before arriving in this world
do you remember the infinite time ?
before the weight on your breast bone
and the lung's struggle?
before the pain in search of a way out?
(that ending that always marks an beginning)

do your remember that space?
desire spilling out on two planes:
corporeal and incorporeal
pouring out on either side of the body's doorway:
infinite and finite (two effusive acrobats)
each one emerging
again and again
from the other's treasure chest
mixing up the same jewels their mixed up jewels
now adorn our skin

VERBO

por mi lengua
transitan
espejitos de la vida
verbos viajeros
silban, se menean, soplan
buscan
      brincan
revelan
      y ocultan
el corazón, los secretos, el sol
dan tumbos
ante el omnipresente
      y elusivo
"yo soy aquello"
      aquello sin palabras
que arde en la llama
          sempiterna
      que devora las sombras
         ilusorias
      entre los reflejos
         dispares
      entre las palabras
         opacas

errantes chispas se juntan
         en la última fogata
de la unión sagrada
      entre todas las cosas
         y la nada:
la silente sílaba eterna suena
y disuelve todas las formas
         y finalmente nada misma

VERB

over my tongue
small mirrors of life
move
traveling verbs
whistle, sway, blow
seek
    jump
reveal
    and hide
heart, secrets, sunlight
tumbling
before the omnipresent
    and elusive
"I am that"
    that without words
that burns in the flame
        eternal
that devours shadows
        illusory
between stray reflections
    odd
between words
      opaque

errant sparks join
        in the final fire
announcing the holy union
between all things
      and nothing
the silent eternal verb sounds
and disolves all forms
      and finally nothing itself

LA PENÚLTIMA ALCOBA

me envuelve un viento rebelde
que turba
y esclarece todo
y ahora me ciñe
el frío abrazo del sol

hubo un tiempo cuando buscaba algo más
o algo menos que el sustento
buscaba el refugio
en brazos ajenos

pensé encontrar
huellas a seguir
en el aliento del amante
a este lado del umbral
entre los mundos

visibles y no

esta noche
entre sábanas blancas
en penúltima alcoba de la tierra
duermo sola
           con el universo

NEXT TO THE LAST BEDROOM

An unruly wind wraps around me
making everything clear
and I am held
by the sun's cold embrace

there was a time when I searched for something more
or something less than sustenance
refuge
in someone else's arms

I thought I had found
a thread to follow
in my lover's breath
on this side of the threshold
between worlds

visible and not

this night
between white sheets
in the next-to-the-last bedroom on earth
I sleep alone
          with the universe

ENCRUCIJADA

anoche el eco de acero
repicó por toda la casa
entre mis dedos conté las balas
el pulso de cada estallido
pum pum
pum pum pum
pum pum pum pum pum
pum

no encontraba refugio
de los tambores de guerra
de rabia homicida
un fuego frío incendiaba el aire
jóvenes apuntalando a sus propias sombras
en las sombras
de la sombra
de nuestro tiempo
yacen los dioses de la tierra
enloquecidos por el olvido

si sólo pudiésemos recordar sus nombres
quizá ellos nos dirían
como afrontar la injusticia
como levantarse
sin perderse
sin perder al prójimo
si sólo pudiésemos recordar
quienes somos
y reconocerlo en la cara del otro

CROSSROADS

last night the echo of steel
rang through every room of my house
I counted the bullets
on my fingers
the pulse of each explosion
pum pum
pum pum pum
pum pum pum pum pum
pum

no refuge found
from the pounding war drums
of homicidal rage
cold fire ignited the air
young men taking aim at their own shadows
in the shadows
of the shadow
of our times
earth's gods forgotten and gone mad

if we could only recall their names
perhaps they would tell us
how to face injustice
how to rise up
without losing yourself
without losing your neighbor
if we could only remember
who we are
and recognize ourselves in each other's faces

INVIERNO

caminaremos
entre las navajas
del frío

nuestro deseo
se negará a acomodarse
entre las hojas caídas

el viento sonará
su música dispareja
entre ramas descubiertas

llevaremos puestas
las espadas desenvainadas
del recuerdo
y la lucidez impúdica

absorber el calor
de un sol lejano
requerirá paciencia

pero aún así arderá
como la luz de la razón

WINTER

we will walk
amidst the blades
of cold

our desire
will refuse to settle
admidst the fallen leaves

the wind will sound
its uneven music
amidst naked branches

we will carry with us
the unsheathed swords
of memory
and impudent lucity

absorbing the heat
of a far-off sun
will require patience

but even so it will still burn
just as the light of reason

POR UN HILO

aguantando
por un hilo
hebra de oro
hebra de encanto
hallada
hebra de memoria
y de mi cuerpo

    todavía fiel al viaje

aguantando
toda la noche
apenas

y apenas
hasta el otro día
esperando el sol
¿se asomará?

mi aliento delgado
se entreteje
con el invierno
ramas desnudas
aferrándose
al cielo

BY A THREAD

holding on
by a thread
a gold filament
a found
filament of delight
filament of memory
and of my body

    still faithful to the journey

barely
holding on
through the night
and barely
for another day
waiting for the sun
will it come out?

my slender breath
mingles
with winter
naked branches
holding tight
to the sky

DESENMASCARADO

mis células:
pequeñas estrellas
de la constelación del Equuleus
destellos en las alas de Pegaso

todas al borde de estallarse
en rayo en trueno en nova
nubes que sueltan néctar

al borde de volar convertidas en raudales
recorriendo los cauces de todos los fuegos
que no hacen falta nombrar
que renuevan

todos son el mismo
el único sin razón infinito
el mar galopante desenmascarado:

el amor

UNMASKED

my cells:
small stars
in the constellation Equuleus
glimmers on Pegasus' wings

all about to burst
into lightening thunder nova
clouds issuing forth nectar

about to fly into torrents
flowing through the riverbeds of all flames
that need not be named
that renew

they are all the same
the one the only infinite reason without reason
the unmasked galloping ocean:

love

SIN NOMBRE

a m.a.z.—

la mentira como imán
como trueno que no estalla
aún persiste
después de una tala precisa

y desde entonces
la muerte se quedó en acecho
hasta no resolverse en los colores del arco iris
colores que veo reflejados en estas calles
en la noche de tus pupilas
que miran sin que se vean
en medio de esta ciudad insomne
donde la herida del vacío impenitente queda
como una zanja en medio
de la historia
de las dos torres
del recién antiguo mundo
de esta península inmigrante
zanja que nos aparta
de la antorcha de la libertad
como una herida sin nombre que no sana
o trinchera
o vena abierta
o río sin vuelta

hemos cruzado el Estige
sin darnos cuenta

la muerte es incurable
y la ausencia se ciñe de ella
aquí la lluvia brilla de noche sobre el asfalto
y se reúne con fantasmas
que nos llaman por nuestro nombre
sin nombrarnos

en un parque cerca
los jóvenes se juntan
en vigilia o protesta

y nuestros pies se mojan…

NAMELESS
for m.a.z.—

the lie like a magnet
like thunder that doesn't clap
persists still
after a precise felling

ever since then
death froze lying in wait
till the colors of the rainbow could resolve
the colors I see reflected in these streets
in the night of your pupils
that gaze without being seen
in the middle of this insomniac city
where the impenitent wound of the void remains
like a breach in the middle
of the history
of the two towers
of the recently become old world
of this immigrant peninsula
breach that separates us
from the torch of liberty
like a nameless wound that doesn't heal
or a trench
or open vein
or river of no return

we have crossed the river Styx
without noticing

death is incurable
and absence clings to it
here the rain shines by night on the asphalt
and meets up with ghosts
who call us by our name
without naming us

in a park nearby
young people gather
in vigil or protest

and our feet are getting wet…

NIÑA

(poema para ser leído desde la última palabra hasta la primera):

fiel
siempre
SERME y
mi a tenerme para
necesito la que

¿YO

SERÉ?

o
fui que
años cinco de
niña esta

fiel
sea le que
necesita
ella
ella a
tenerla para

GIRL

(poem to be read from the last word to the first):

faithful
always
myself to be and
myself have to order in
her needs who

ME?

BE IT COULD

or
was I that
girl
old five-year this

her to faithful
be to me
needs
she
her
have to

HOY PREPARO LA VALIJA

hoy preparo la valija de una vida nueva
va casi vacía
que no ocupo ni adjetivos ni adverbios
una manzana   cuando mucho

una serpiente me sigue
vientre junto a la tierra

el pulso de mis pasos
abandona mi linaje femenina

el tuétano del camino florece
bajo mis pies

quizá me he muerto ya
de un pasado que ni siquiera era mío

quién era aquella quien se murió
de quién eran sus deseos de género
de quién eran sus miedos

pues hoy sin pedirle permiso a nadie
me preparo para una nueva vida

I'M PACKING MY BAGS

today I'm packing my bags for a new life
they're almost empty
I don't need adjectives nor adverbs
at most   an apple

a serpent follows me
belly to the earth

the pulse of my steps
abandons my feminine lineage

the marrow of the road
blooms beneath my feet

perhaps I have already died
from a past that was not even mine

who was she who died
of whom were her desires of gender
of whom were her fears

well today asking no one's permission
I prepare for a new life

BAILE DE LAS MANOS

las manos
están que vuelan
poseídas del baile

baile de hadas hermanas
que se creyeron colibrí
pero nacieron mariposa

alas mariposas persignándose
en la catedral
del bosque mortal

bosque donde se abren
las puertas de existir
en el cuerpo

cuerpo que requiere la caricia
de tiernas libélulas mensajeras
viajando entre mundos
deseosas de tocar

tocar
piel
cielo
pulso
agua
aliento
oro / las estrellas
cuya constelación se descubre
a través de la brújula aguda
de la sensibilidad aplicada
y de la navaja de doble filo:
necesidad y deseo

(doble llama
bailando
fugaz
sobre la faz de la tierra)

HAND DANCE

hands
ready to fly
possessed by dance

dance of the fairy sisters
who thought they were hummingbird
but were born butterfly

crossing themselves with butterfly limbs
in the cathedral
of the mortal forest

forest where they open
the doors of being
embodied

body that needs the caress
of tender dragonfly messengers
traveling between worlds
longing to touch

touch
skin
sky
pulse
water
breath
gold / the stars
whose constellation is revealed
by the sharp compass
of applied sensibility
and life's double-edged blade:
need and desire

(double flame
dancing
briefly
on the face of the Earth)

CUENTOS DE BRAZOS LARGOS

para Towi—

estoy buscando cuentos de brazos largos
lo suficiente para abarcar la muerte
como el sueño en que mi Akita Towi habló con una sirena
meses antes de cruzar el puente final

sirena y perro
hablaron por horas en las profundas
aguas centelleantes cerca del centro de la tierra
ahí donde un elemento se convierte en otro

tierra en fuego
fuego aire
aire agua
agua tierra…

en el centro donde todo brilla
todo nace

estoy buscando cuentos de brazos largos
como la historia del ciruelo negro
que perdió sus ramas cargadas de fruta
cuando su persona, un viejo, cruzó al otro lado
cargados de frutos el hombre y el árbol
ya sin necesidad de las formas

estoy buscando aquellos cuentos
de brazos largos
capaces de ayudarnos a cruzar el río
de llevarnos todo lo que dura del tiempo
y más allá

STORIES WITH LONG ARMS

for Towi—

I am looking for stories with long arms
long enough to wrap around life and death
like the dream of my Akita Towi speaking to a mermaid
months before she crossed over the final bridge

mermaid and dog
spoke for hours in the deep
sparkling waters near the center of the earth
where one element becomes another

earth becomes fire
fire air
air water
water earth…

in the center where everything glistens
everything is born

I am looking for stories with long arms
like the story of the black plum tree
dropping its heavy fruit-bearing branches
when its person, an old man, crossed over
laiden with fruit both man and tree
released of the need for form

I am looking for those stories
with the long long arms
able to take us across the river
to carry us across all time
and beyond

VEN A COMER

(con agradecimiento a Simón y Pablo)

como los niños
tenemos que inventar palabras
para poder decir
lo que nos manda la necesidad
aunque no sepamos aún
su significado

interpretar
los signos
del alma
la letra del corazón
es trabajo
de una vida entera
        si no es que más

mientras tanto
la mesa está servida

ven a comer

PULL UP A CHAIR

(with thanks to Simon and Pablo)

like children
we must invent words
so we can say
what need dictates
though we don't yet know
their meaning

interpreting
the scrawled symbols
of the soul
the heart's handwriting
is the work
of a life time
    if not more

meanwhile
the table is served

pull up a chair

VIAJEROS

a b.h.——

navegamos por el universo
por la imaginación
a todos los continentes
en un barquito
como Bolívar
también como Magallanes
y alguna mujer navegante
cuyo nombre jamás sabremos

navegamos
hasta por esas aventuras amorosas
de toda la vida
algunas nos parecieran hundir
o incendiar el barco
(más de una vez
la boca la tuvimos
sabor a cenizas)
pero ahí vamos
viajeros del alma
remando remando
para llegar
a las aguas mansas

ahí todo presente
así en la tierra
como en el cielo

TRAVELERS

for b.h.—

we navigate through the universe
through our imagination
to all continents
in a little boat
we navigate
like Bolivar
also like Magellan
and some woman navigator
whose name we will never know

we navigate
even through those lifelong
romantic adventures
some of which would seem to sink us
or set fire to the ship
(more than once
our mouths
have tasted of ash)
but here we are
soul travelers
rowing rowing
to arrive at last
to calm waters

everything present
on earth
as it is in heaven

NOTA DE LA AUTORA

Los poemas de esta colección nacieron en el período de un año y medio entre el 2011 y el 2012. El poema, *Todo*, con el cual doy inicio la colección, nació en Lima, Perú, en el 2011. El poema *Sin nombre*, nació en Nueva York, durante una visita a Hofstra University a la invitación del poeta, Miguel Ángel Zapata— visita en la cual visitamos Manhattan y la cicatriz dejada por la torres gemelas. *Tu beso* fue inspirado en San Francisco, y la mayoría de los demás fueron escritos en mi casa en el *barrio* de *East Oakland* donde abundaban balaceras y lindas casas Craftsman muchas construidas en los tiempos de la inmigración portuguesa.

Dos episodios uno en septiembre y otro en octubre del 2012 fueron decisivos en mi rumbo posterior— en ambas ocasiones mi corazón dio tremenda lata toda noche, pataleando, parándose y bombeando a ritmos impredecibles, reclamando ser escuchado, y sin más explicaciones, me pidió volver a México donde resido ahora. Cada vez más, me estoy orientando por lo que llamo una conversación silenciosa con un dios personal que a fin de cuentas es la vida que late en cada uno de nosotros.

En noviembre viajé a Argentina a invitación de Hector Berenguer para participar en un festival itinerante de poesía, *Semana de las Letras y la Lectura*. Fuimos a Rosario, San Nicolás de los Arroyos, y la Plata participando en festivales hermanos— ahí tomé tiempo para caminar descalza en la orilla del río Paraná, escuchando el misterioso murmullo producido desde su vastedad. Como toda reunión a nombre de la poesía y la hermandad, este encuentro fue revitalizador y sembró muchas semillas. Algunos de ellas se han convertido ya en pequeños y saludables retoños como el proyecto de traducción que emprendí con John Oliver Simon (http:// poetasjuntosalrio.blogspot.com), así como amistades entrañables con poetas hermanos incluyendo a Craig Czury, quien me animó a tomar un salto de fe y guiar mis acciones por lo que me pedía el corazón.

Así fue que dejé la vida cómoda de California atrás y me encontré en el corazón de México en un pequeño pueblo mágico donde compré una casa y metí los dos pies en un sueño. Regresar a México representa para mi una vuelta al seno terrenal que nutrió mi corazón durante los primeros años de mi viaje por este mundo. El transferencia de la casa se cumplió el día 21 de diciembre del 2012— fecha significativa por ser el muy celebrado solsticio invernal que en el calendario Maya marcó el ocaso final del quinto sol y el inicio de sexto sol, un tiempo de tremenda transformación.

Al publicar este libro, estoy siguiendo el llamado instintivo de retorno a un paisaje conocido el el corazón de México, a mis *raíces formativos*, y al primer idioma que elegí hablar con la palabra *quiero*, un vocablo de doble sentido: *amar* y *desear*. He iniciado esta nueva era construyendo un puente a una vida retomada, con un deseo profundo de compartir, con entrega, y de hacer y *ser el trabajo que amo* que se puede resumir como arte y ecología.

Las semillas que se sembraron a en Argentina a orillas del Paraná seguramente florecerán de manera imprevisible... (2013)

AUTHOR'S NOTE

The poems in this collection were born during a year an a half period between 2011 and 2012. The opening poem, *Todo*, was born in Lima, Peru, in 2011. The poem *No name* was written in New York, during a visit to Hofstra University at the invitation of the poet Miguel Angel Zapata—a visit during which we visited Manhattan's ground zero scar where the twin towers once stood. *Your kiss* was inspired in San Francisco; and most of the rest were written in my home in the East Oakland *hood* where gunshots and lovely Craftsman homes (many built in the times of a Portuguese immigration) abounded.

Two episodes, one in September and another in October of 2012 were decisive in the course my life has taken: on both occasions my heart put up a tremendous ruckus all night long, kicking and stopping in unpredictable rhythms, demanding to be heard, and with no further explanation, asked to return to Mexico. Increasingly, I have been guided by what I call a silent conversation with a personal god, which is, after all, the life that pulses in each one of us.

In November, I traveled to Argentina at the invitation of Hector Berenguer to participate in a traveling poetry festival, *Semana de las Letras y la Lectura*. We went to Rosario, San Nicolás de los Arroyos, and La Plata, there I took time to walk on the banks of the Río Paraná barefoot listening to the mysterious whisperings born of its vastness. Like all gatherings in the name of poetry with kindred spirits, this encounter sowed many seeds. Some of them have already become healthy seedlings, including translation project I undertook with John Oliver Simon (see http://poetasjuntosalrio.blogspot.com), as well as delightful friendships with fellow poets, including Craig Czury, who encouraged me to take a leap of faith, to guide my actions by what my heart was crying out for.

And so it was that I left a comfortable life in California behind and found myself in the heart of Mexico in a small *pueblo mágico* where I invested everything in a new house and a dream. For me, returning to Mexico represents a return to the earthly bosom that nourished my heart during the first years of my journey on Earth. The housed closed on December 21, 2012—a significant date for not only being Winter Solstice but also for representing the end of the Fifth Sun and the beginning of the Sixth Sun, a time of tremendous transformation, according to the Mayan Calendar.

As I release this book, I am following an instinctive call to return to the familiar landscape in the heart of Mexico, to my *formative roots*, the first language I chose to speak with the word *quiero,* a verb meaning both *to desire* and *to love.* I have begun this new era constructing a bridge to a rekindled life, with a deep desire to share, to give fully, and to do and *be the work I love* that could be summarized as art and ecology.

Seeds planted in the poetic journey to Argentina on the shores of the Paraná will surely flower in unexpected ways... (2013)

ACERCA DE LA AUTORA

Lorena Wolfman, M.A., RSME/T. Tiene maestría en Letras Hispánicas de San Francisco State University y es maestra y terapeuta certificada de artes expresivas (Tamalpa Institute) y movimiento somático (ISMETA). Junto con su producción poética, es artista intermodal, enseña Artes Expresivas (una disciplina intermodal que engloba la escritura creativa dentro de un marco expresivo amplio que incluye danza, dibujo, escritura y teatro).

Dentro de su trayectoria poética, Lorena ha participado en Festivales Internacionales, tales como la Semana de Las Letras y Sembrar Poesía (Argentina), Sembrando Poesía (Argentina), el Festival Internacional de Poesía de Granada (Nicaragua), etc… Ha traducido a varios escritores y poetas latinoamericanos y españoles como Teuco Castilla (Argentina), Miguel Ángel Zapata (Perú), Héctor Berenguer (Argentina), Nicasio Urbina (Nicaragua), Daisy Zamora (Nicaragua), Pablo Rico (España/México), entre otros...

Ha sido miembro de grupos de danza, música y teatro. Su última colaboración teatral "Habitar el bosque" (con Monserrat Díaz y Tatiana Olalde) se presentó en la Escuela Modelo en Pozos en el verano 2018. El guión y estructura fueron netamente poéticas, nacidos de un proceso de improvisación sobre el tema de los arquetipos y el empoderamiento de la mujer inspirado en el libro *Mujeres que corren con lobos*.

Dentro del marco de su producción poética tiene varios libros de poesía éditos e inéditos: *La cara verde de la noche* (2010), *El collar de mi madre* (2011), *Todo* (2012), *Tsunami* (2015), con otras tres colecciones en el horno *La sirena, La dualidad* y *¡México! ¡México!*, además de otros poemas dispersos en diversas publicaciones tanto electrónicas e impresos.

Desde hace años está involucrada en la gestión cultural y ha desempeñado varios papeles de liderazgo como directora en el mesa directiva de Tamalpa Institute, editora principal de Canto, una revista cultural, y desde hace cinco años como fundadora y directora general del Festival Internacional e Interdisciplinario de Poesía, Arte y Ecología —FIIPA(E)— "Conciencia de la Tierra", un proyecto en el cual ha coordinado entre varias prepas de la zona, poetas y artistas locales e internacionales y la Casa de Cultura.

Sus primeros recuerdos de la vida están entrelazados entre Estados Unidos (nació en Boulder, Colorado) y México, donde llegó aún siendo bebé a los nueve meses con su padres que eran antropólogos. Hace seis años, volvió a México donde vive actualmente en Mineral de Pozos, GTO. En Pozos y San Luis de la Paz desarrolla e imparte talleres de danza y artes expresivas para mujeres, jóvenes, familias, y docentes.

Web: https://lapizlazulieditions.wordpress.com; http://lapizlazulili.blogspot.mx/; http://dansarte.blogspot.mx/; https://poetasjuntosalrio.blogspot.mx/; http://fiipa.blogspot.com. Para contactar la autora: lorenajazmin@yahoo.com

ABOUT THE AUTHOR

Lorena Wolfman has a master's degree in Spanish Literature from San Francisco State University; she is also a teacher and certified therapist of expressive arts (Tamalpa Institute) and somatic movement (RSME/T through ISMETA). In addition to her poetic production, she is an intermodal artist, teaches Expressive Arts (an intermodal discipline that encompasses creative writing within a broad expressive framework that includes dance, drawing, writing, and theater.

Lorena has participated in International Festivals, such as the

Semana de las letras and *Sembrar Poesía* in Argentina, the International Poetry Festival in Granada, Nicaragua, and others… She translated many Latin American and Spanish writers and poets such as Teuco Castilla (Argentina), Miguel Ángel Zapata (Peru), Héctor Berenguer (Argentina), Nicasio Urbina (Nicaragua), Daisy Zamora (Nicaragua), Pablo Rico (Spain / Mexico), among others…

She has been a member of a number of dance, music and theater groups. Her last theatrical collaboration *Inhabiting the forest* (with Monserrat Díaz and Tatiana Olalde) was presented at the Escuela Modelo in Pozos in the Summer of 2018. The script and structure were purely poetic, born of an improvisational process on the theme of archetypes and the women's empowerment inspired by the book *Women who run with wolves.*

Within the framework of her poetic production she has several poetry books, published and unpublished: *The green face of the night* (2010), *My mother's necklace* (2011), *Todo* (2013), *Tsunami* (2015), with three other collections in the oven *The mermaid, Duality* and *Mexico! Mexico!*; and in addition, many poems scattered in various publications both electronic and printed.

She has been involved in cultural development for years and has played several leadership roles as director of the board of the Tamalpa Institute, principal editor of Canto, a cultural magazine, and for five years as founder and general director of the International and Interdisciplinary Festival of Poetry, Art and Ecology - FIIPA (E) - "Earth Consciousness," a project in which she has coordinated among several local high schools and international poets and artists and the Casa de Cultura.

Her first memories of life are intertwined between the United States (she was born in Boulder, Colorado) and Mexico, where she arrived as a baby with her parents who were anthropologists. Six years ago, she returned to Mexico where she currently lives in Mineral de Pozos, GTO. In Pozos and San Luis de la Paz, she develops and teaches dance and expressive arts workshops for women, young people, families, and teachers.

Web: https://lapizlazulieditions.wordpress.com; http://lapizlazulili.blogspot.mx/; http://dansarte.blogspot.mx/; https://poetasjuntosalrio.blogspot.mx/; http://fiipa.blogspot.com. To contact the author: lorenajazmin@yahoo.com

Todo - Everything

ALGUNOS COMENTARIOS

Obra doblemente significativa, primero por la calidad de la obra y además por la calidez de los poemas que me ha dado una esperanza, un brillo en medio de mi propia desolación, pues de repente me recreo en las imágenes literarias como "La soledad".

—Armando Rivera, Guatemala (Poeta y editor)

Sobrecoge el apasionamiento con que Lorena Wolfman se expresa; lo profundo de las emociones que comparte en estos versos, cuya intensidad, raya en lo erótico.

—Pablo Odell, España (Editor y escritor)

Todo, el nuevo poemario de Lorena Wolfman, me ha gustado mucho. Es de una delicadeza enorme, tierno y profundo. Experimental como en el poema que hay que leer hacia atrás. En todos los poemas se ve la percepción aguda de la poeta que mira las cosas con sosiego y con cariño.

—Nicasio Urbina, Nicaragua (Profesor y escritor)

A FEW COMMENTS

A doublely significant work, first for the quality of the work and also for the warmth of the poems that have given me hope, a brightness in the midst of my own desolation, because suddenly I am uplifted in literary images such as "La soledad".

—Armando Rivera, Guatemala (Poet and editor)

The passion with which Lorena Wolfman expresses herself is overwhelming, as is the depth of the emotions she shares in these verse, the intensity of which borders on the erotic.

—Pablo Odell, Spain (Editor and writer)

I really like Everything, Lorena Wolfman's new collection of poems. It is of an enormous delicacy, tender and deep. Experimental at times as in the poem to be read backwards. In all the poems the acute perception of the poet who looks at things with calm and affection is seen.

—Nicasio Urbina, Nicaragua (Professor and writer)

www.ingramcontent.com/pod-product-compliance
Lightning Source LLC
Chambersburg PA
CBHW030154070426
42447CB00032B/1196